밤은 엄마처럼 노래한다

밤은 엄마처럼 노래한다

가브리엘라 미스트랄 시집 | 이루카 옮김

아티초크

일러두기

1. 주석은 모두 옮긴이주입니다.
2. 본문 중 고딕체는 원문에서 대문자로 강조(의인화)한 부분입니다.

차례

1945년 노벨문학상 위원회의 시상 연설	ix
내 안의 그녀	3
내 손을 잡아	7
손가락을 잃은 소녀	8
공기꽃	10
느린 비	17
자유	20
무희	24
우리는 모두 여왕이 될 거야	28
예술	34
두려움	40
물잔	42
잠 못 이루는 밤	44
행복한 여자	49
낙원	54
경건한 여인	56
블랑카 언니에게	59

나는 외롭지 않아	61
발견	62
아이들의 이름은 '오늘'	63
자장자장	64
죽음의 노래	65
엄마의 슬픔	67
아들의 죽음을 애도하며	68
네가 좋아하던 노래를 부르리	73
잃어버린 내 이름	75
말 없는 사람	77
별의 발라드	78
풍요	80
노래는 부르지 마	81
딴 여자에 대한 노래	83
모든 게 우리를 떠나네	85
죽음의 소네트	87
예술가 십계명	92
옮긴이의 말: 지금은 미스트랄의 시간	97
가브리엘라 미스트랄 연보	113

"내 손을 잡아,
 그리고 춤을 추자,
 너와 나."

1945년 노벨문학상 위원회의 시상 연설

　한 아이의 엄마가 눈물로 시를 썼고 그에 힘입어 스페인어는 품위를 회복하고 영광을 안게 되었습니다.

　가브리엘라 미스트랄의 '미스트랄'은 '지중해의 바람'을 뜻합니다. 프랑스 랑그도크 지방에도 미스트랄(Frédéric Mistral)이라는 시인이 있었습니다. 그가 어린 학생이었을 때 처음 프랑스어로 쓴 시를 엄마에게 읽어 주었더니 그녀가 눈물을 쏟았다는 말이 전해집니다. 그녀는 언어의 순수성을 이해하지 못하는 무학의 농부였습니다. 그런 까닭에 아들은 엄마의 모국어인 프로방스 말로 시를 쓰기로 하고 『미레유Mirèio』를 완성했습니다. 가난한 직공과 예쁜 시골 여자의 사랑을 노래한 이 시는 꽃이 만발한 땅의 향기를 발산합니다. 이렇게 해서 음유 시인의 노래는 시의 언어로 다시 태어났습니다. 1904년 노벨문학상은 이 사실을 전세계에 알렸고 『미레유』를 지은 시인은 그로부터 10년 뒤에 작고했습니다.

그해에 제1차 세계대전이 발발했고, 지구 반대편 쪽 꽃이 만발한 칠레의 산티아고에서는 또 다른 미스트랄이 죽음을 주제로 한 사랑의 시로 '후에고스 플로랄레스' 상을 수상하여 세상의 주목을 받았습니다.

가브리엘라 미스트랄에 관한 이야기는 남아메리카의 모든 나라에 널리 알려져 있고 시인은 이제 전설적인 인물이 되어 있습니다. 그 시인이 마침내 안데스 산간 지방에서 대서양을 건너와 수상을 위해 이 자리에 앉아 있습니다.

몇 십 년 전 엘키강 유역의 작은 마을에서 태어난 루실라 고도이 알카야가는 일찍이 교사가 되었습니다. 고도이는 아버지의 이름이고 알카야가는 어머니의 이름이며, 나머지 이름은 스페인 바스크 지방으로 거슬러 올라갑니다. 교사였던 아버지는 즉흥시에 능했다고 합니다. 이 재능은 시인들의 특징으로 여겨지는 방랑기와 관련이 있는지 그는 딸이 아직 아기였을 때 가정을 버렸습니다. 알카야가는 어린 딸이 정원에서 새와 꽃을 상대로 열심히 대화를 나누는 모습을 자주 봤다고 합니다. 일설에 따르면 어린 시인은 학교에서 퇴학을 당했는데 그 이유는 학교 교육을 소화할 만한 학습 능력이 없다는 것이었습니다. 결국 시인은 독학으로 라칸테라라는 작은 마을의 학교에서 교사가 되었습니다. 그때 나이 스무 살, 바로 그곳에서 미스트랄의 운명이 결정되었습니다. 그 지방의 철도청 직원과 뜨거운 사랑에 빠진 것입니다.

그가 미스트랄을 배신했다는 것 외에 무슨 일이 있었는지는 알려진 바가 별로 없습니다. 1909년 11월 어느 날, 그는 총으로 자살했습니다. 젊은 미스트랄은 성경의 욥처럼 비탄에 빠졌고 하늘을 원망하며 울부짖었습니다. 칠레의 황량한 산에서 나온 그 울부짖음은 시가 되어 만인의 귀에 닿았습니다. 진부하고 비극적인 일상의 성격을 벗은 시로 시작해 그녀는 세계 문학의 일원이 되었습니다. 그리고 루실라 고도이 알카야가는 가브리엘라 미스트랄이 되었습니다. 훗날 이 시골의 젊은 교사는 스웨덴의 노벨문학상 수상 작가 라게르뢰프와 같은 반열에 오르고 남아메리카의 정신적 여왕이 되었습니다.

사람들은 새로 나타난 시인의 이름을 죽음의 기념비처럼 생각했고, 시인의 우울하면서도 열정적인 시는 남아메리카 전역에 퍼져 나갔습니다. 하지만 그녀의 가장 뛰어난 시집인 『황폐 Desolación』는 1922년에야 출간되었습니다. 이 시집은 모성에서 나오는 눈물로 젖어 있고 열다섯 번째 시에 이르러 그것은 죽음의 아들, 즉 태어나지 않은 아들에 대한 눈물의 시가 됩니다.

아들, 아들, 아들! 나는 당신과 아들을 갖고 싶었지.
행복으로 활활 타오르던 그 먼 옛날,
그때 난 당신이 속삭이기만 해도 뼈까지 떨었고
이마는 찬란한 이슬에 젖은 듯 빛났지.

나는 아들이라고 말했지, 봄날의 나무가
하늘을 그리워하며 가지를 뻗듯이
아들이라고 말했지, 순진무구한 표정과 갈구하는 입,
경이로움에 가득한 둥그런 눈, 예수님 같은 눈을 가진 아들.

아이는 화환처럼 내 목을 휘감고
그의 몸속에는 내 인생의 강이 넘쳐 흐르고
나라는 존재의 심연으로부터 저 구릉지대 너머로
은은하고 달콤한 향기가 퍼져 나가는 환상.

우리는 길을 가며 아기를 밴 애엄마를 바라보았지.
그녀의 바르르 떠는 입술과 기도하는 듯한 눈,
깊은 사랑에 빠져 군중 속으로 걸어갈 때
아기의 상냥한 눈이 발하는 경이에 우리는 눈이 먼 듯했지 . . .

가브리엘라 미스트랄은 자신이 가르치는 어린 학생들에게 모성애를 나누어 주었습니다. 1924년 마드리드에서 출간한 사랑의 『사랑의 속삭임Tenura』의 단순한 시들은 어린이들을 위한 것이었습니다. 멕시코에서는 4천 명이나 되는 어린이들이 그녀의 시를 돌아가며 부른 일도 있습니다. 가브리엘라 미스트랄은 양부모의 모성을 대표하는 시인이 되었습니다.

스페인내전의 희생자들을 위한 세 번째 시집 『벌채Tala』가 1938년에 부에노스아이레스에서 출간되었습니다. 『황폐』의 애절한 분위기와는 대조적으로 『벌채』는 남아메리카를 감싼 우주의 고요를 내뿜는데, 그 향기는 오늘날 우리에게까지 퍼져 있습니다. 우리는 미스트랄의 정원에 들어가 그녀가 자연과 사물들과 나누는 친밀한 대화를 듣습니다. 이 시집에는 성가와 천진난만한 동요, 빵과 포도주, 소금, 밀, 물에 대한 시들이 기묘하게 어우러져 인간의 삶에 원초적으로 필요한 것들을 노래합니다. 그리고 그 물은 목마른 사람들의 갈증을 풀어줄지도 모릅니다.

가브리엘라 미스트랄은 모성의 손길로 우리에게 마법의 물약을 건네줍니다. 땅의 향기를 품은 그 물약은 마음의 갈증을 풀어줍니다. 고대 그리스의 열도에서 사포에게 흐른 것과 같은 물줄기가 엘키 계곡의 미스트랄에게 다다른 것입니다.

가브리엘라 미스트랄, 당신은 이 짧은 연설을 듣기 위해 이 먼 길을 오셨습니다. 짧은 몇 분 동안 저는 우리 나라의 셀마 라게르뢰프에 대한 이야기를 했고, 당신이 교사로 시작해 시의 왕좌에 오르기까지의 여정을 소개했습니다. 우리가 오늘『황폐』의 시인, 자비와 모성을 노래하는 위대한 시인, 남아메리카 문학의 여왕에게 상을 수여하는 것은 풍요로운 그 문학에 경의를 표하는 것과 같습니다. 우리 나라 여왕님을 대신하여 수여하는 노벨문학상을 받아주시기 바랍니다.

얄마르 굴베리
문학박사, 스웨덴 한림원

밤은 엄마처럼 노래한다

내 안의 그녀

나는 내 안의 그녀를 죽였다
그녀를 사랑하지 않았던 거야

그녀는 타는 듯했지
바위산 선인장 꽃
봄을 식힌 적 없던 그녀
그녀는 불이고 불모지였어

발밑엔 돌, 어깨 위엔 하늘
꼿꼿이 선 그녀
그녀는 '물의 눈'을 찾지 않았어
몸을 구부리지도 않았지

그녀가 쉬는 곳은 어디든
풀잎마저 시들어 뒤틀렸어
잉걸불 같은 그녀의 얼굴에

그녀의 입김에

그녀의 말은
바로 굳는 송진 같아서
부드러운 말은
나오지 않았지

굽힐 줄 모른 그녀—
바위산의 선인장 그녀—
그녀 옆 나는
몸을 구부려 구부려

그녀의 오장육부를 빼냈어
내가 나를 죽이려는 거야
그녀는 먹이 잃은 독수리처럼
굶주려 죽었지

날갯짓은 잠잠해지고
몸은 구부러져 축 처지고
그녀에게서 튄 마지막 불똥이
내 손바닥에 떨어지고 . . .

그녀의 자매들은 울먹이며
내게 손가락질하지—
그녀들은 내가 가는 길에
뜨거운 석회 가루를 뿌리고—

나는 그녀들 앞을 지나며 말하지
"깊은 골짜기 개울로 가서
 진흙을 찾아 불타는 독수리를
 또 하나 만들어

그러지 못할 거라면—

안됐지만 그녀를 그만 잊어
내가 그녀를 죽였듯이
너희도 모두 그녀를 죽여!"

내 손을 잡아

내 손을 잡아, 그리고 춤을 추자, 너와 나,
그때처럼 손을 줘,
한 송이 꽃이 되자, 너와 나,
한 송이 꽃, 그걸로 충분해.

같은 춤을 추자, 너와 나,
같은 스텝을 탐색하자,
바람에 나풀대는 어린 벼처럼,
하나되어 흔들자, 그걸로 충분해.

네 이름은 장미, 내 이름은 희망,
하지만 이름 따위가 뭐라고,
우리는 산꼭대기에 있을 텐데,
춤만 추면 되는데, 그걸로 충분한데.

손가락을 잃은 소녀

조개가 내 손가락을 잘라 물고
모래 속으로 사라졌어요.
바다가 모래를 집어삼키고
고래잡이가 조개를 잡아
지브롤터로 갔어요.
고래잡이가 지브롤터에서 노래를 불러요—
"바다에서 놀라운 것을 건졌소.
소녀의 작은 손가락이오.
소녀에게 손가락을 찾아가라 하시오!"

손가락을 찾으러 가게 배를 주세요.
뱃사람도 있어야 해요.
뱃삯도 있어야 해요.
뱃사람이 뱃삯으로 도시를 다 달래요.
높다란 탑, 널따란 광장, 배로 가득찬 항구,
마르세유는 세상에서 으뜸가는 도시라지만

손가락을 도둑맞은 소녀가 있는 곳이라면
그 도시는 아름답지 않아요.
지브롤터에서 고래잡이가 노래를 부르며
소녀를 기다리고 있어요.

공기꽃

그건 운명이었지, 그녀와의 만남은—
들판 한가운데 서 있던 그녀는
그곳을 지나다
그녀를 보고 말을 거는
모든 이들의 지배자였지

그녀가 나에게 말하길
"산에 오르라. 나는 이곳을 떠나지 않노라.
나 대신 산에 올라
강하면서 부드러운 눈처럼 흰 꽃을 따 오라."

하여 나는 험한 산에 올라
바위 틈의 꽃,
잠들었는지 깼는지 모를 꽃,
그 꽃을 찾았지.

한아름 꽃을 안고 내려와
들판 한가운데 그녀에게
야생 백합꽃을 쏟아부었지,
우수수 우수수 폭포수처럼.

그녀는 눈처럼 흰 꽃을 거들떠보지도 않고
"이번엔
붉은 꽃만 따 오라,
나는 들판을 떠나지 않노라."

나는 사슴들이 오르는 절벽을 타고 올라
광기의 꽃을 찾아다녔지,
붉게 피어나 붉게 살고
붉기 때문에 죽는 꽃을 찾았지.

산에서 내려와 기쁨에 떨며

그녀에게 꽃을 주었더니
다친 수사슴의 피가 물들인 샘물처럼
그녀는 얼굴을 붉혔지.

그녀는 몽유병자처럼 나를 쳐다보더니
"다시 산에 올라
노란 꽃을 따오라, 노란 꽃을,
나는 들판을 떠나지 않노라."

하여 나는 꽃이 난무한 곳을 찾아
곧바로 산에 올랐지,
태양빛 사프란색 꽃,
갓 피어났지만 이미 영원해진 그 꽃을 찾아.

나는 다시 들판 한가운데
그녀를 찾아

노란 꽃으로
그녀를 뒤덮었지만

태양빛 꽃을 본 그녀는 미친 듯이 말하길
"내 종은 다시 산에 올라
색이 없는 꽃을 따 오라,
사프란색도 주홍색도 아닌 꽃을.

레오노라와 리지아^{*}를 기릴 꽃,
내가 사랑하는 꽃을 따 오라,
잠의 색, 꿈의 색을 띤 꽃을.
나는 들판의 여왕이노라."

---

* 에드거 앨런 포우의 단편소설 「리지아」에서 오랜 병을 앓다가 젊은 나이에 죽은 아름다운 리지아를 가리킨다. 레오노라는 포우의 시 「르노어」를 가리킨다. 르노어는 포우가 이루지 못한 사랑 또는 창조력의 상실을 상징한다.

하여 나는 높은 산에 올랐지.
빛의 흔적이 없는
아련한 영원의 동굴,
메데아*의 마력 같은 산.

가지에도 피지 않고
돌 틈에도 자라지 않는 꽃
나는 감미로운 공기에 핀 그 꽃을
사뿐히 잘랐지.

눈먼 재단사처럼
그 꽃을 잘랐지,
공기를 줄기 삼아

---

* 그리스 신화에 나오는 마녀. 사람들에게 비정상적인 행동을 하게 만드는 감정의 힘을 상징한다. 콜키스 왕 아이에테스의 딸이기도 한 메데아는 이아손과 뜨거운 사랑을 나누지만, 그가 다른 여자와 결혼하자 격정에 휩싸여 살인을 저지른다.

사방에 만발한 공기꽃을.

산에서 내려와
여왕을 찾아가 보니
그녀는 들판을 거닐고 있었지,
이제 창백하지도 사납지도 않은 그녀는

몽유병자처럼 걸어
들판 저쪽으로 마냥 멀어져 가고
나는 그녀를 쫓아갔고 쫓아갔지
초원을 지나고 포플라 숲을 지나고

손과 팔로 공기처럼 가뿐히
그 모든 꽃을 품에 안고서도
여전히 공기꽃을 따면서,
가을걷이를 위해 부는 바람에 실려.

그녀는 얼굴 없이 앞서가네,
발자국도 없이 앞서가고 앞서가고.
그래도 나는 안개를 헤치고
그녀를 쫓아가고 쫓아가고.

색이 없는 꽃을 가지고,
희지도 노랗지도 않은 꽃,
시간이 녹아 없어지도록,
정점에서 그녀에게 꽃을 인도하기 위해.

느린 비

고통받는 어린아이처럼
서럽게 덜덜 떠는 듯한 물,
이 땅에 닿기도 전에
사라지는 이 물.

잔잔하다 바람은, 잔잔하다 나무는―
광막한 고요에 사무치는
맑은 눈물,
하염없이 떨어지는 이 눈물.

하늘은 드넓은 마음 같아도
한을 품고 있으니
이는 비가 아닌
느릿느릿 길게 흐르는 피다.

집 안 난롯가의 남자들은

이 한을 모른다,
하늘이 내리는
이 슬픈 물의 선물을 모른다.

기나긴 물의 고된 하강,
굴복한 물의 하강.
가로누운, 마비된
이 땅을 향하여

생명을 잃은 물이 떨어진다,
꿈처럼 소리 없이
꿈에 창궐하는
미미한 물체들처럼.

비가 내린다 . . .비극적 운명의 늑대처럼
그 밤이 숨어서 기다리고 있다.

만물의 어머니 대지에서,
어둠에서 무엇이 나타날까 하며.

밖에서는 고통이
이 느린 물이
이 치명적인 물이
이 죽음의 물이 내리는데
당신은 잠이 오나요?

자유

꿈속의 나는 아버지도 어머니도
슬픔도 기쁨도
새벽까지 지켜야 할
보물도
나이도 이름도
승리도 패배도 없었다.

적들이 나를 모략하고
내 친구 베드로가 나를 모른다 하여
나는 화살이 닿지 않는
먼 곳으로 떠났다.
잠이 든 여자에게
이 세상은 아직 도래하지 않은 더 나은 곳처럼
아무런 의미가 없었다.

내가 원래 있던 곳에는 고통이 없었다.

계절도 태양도 달도 피도 시간의 녹청도
칼로 찌르듯 아프지 않았다.
곡간이 넘쳐나지 않았지만
배고픔을 몰랐다.
나는 술취한 듯이 소리쳤다—
"아버지의 나라여! 내 아버지의 나라여!"

하지만 나는 입에
가느다란 실 한 가닥을 물고 있을 뿐,
엉겅퀴의 솜털 같은 실은 내 호흡에 맞춰
붙었다 떨어지고 붙었다 떨어지고—
그건 거미줄에 불과하다,
해변의 밀물에 불과하다.

꿈속의 나는 돌아오지 않을 수 있었지만 돌아왔다.
등뒤에는 다시 벽이 있고

나는 다시 행상이 되어
목청을 높이고
귀를 세우고
부름에 응답하며 다녀야 한다.

나는 돌덩어리와
한 줌의 도구를 지니고
버려진 옷 같은
의지를 도로 거둬들이고
습관의 기지개를 펴고
다시 세상살이를 시작한다.

하지만 언젠가는 다시 가리라
눈물도 포옹도 없이
밤배를 타고 가리라
아무도 나를 쫓는 이 없이

빨간 등대가 흘끗거리지 않고
해변에서 내 소리가 들리지 않는 곳으로 . . .

무희

무희가 춤을 춘다
그것은 전부를 잃는 춤
아버지며 형제자매며 마당이며 밭이며
길이며 강물 소리며
가족의 사연이며 자신의 얼굴이며
자신의 이름이며 어린 시절 놀이이며
가진 것 전부를 놓는 춤
목과 가슴과 영혼에 있는 전부를
포기하는 춤

무희가 밤과 겨울의 끝에서 웃으며
완전한 박탈의 춤을 춘다
그녀가 몰아내려는 것은 이 세상
사랑하고 증오하고 웃으며 서로를 죽이는 이 세상
피를 수확할 이 땅
밤새우며 폭음포식하는 자들의 이 밤

집 없는 자들의 이 고통

이름도 민족도 신조도 없는 그녀
모든 걸 벗어던지고 자신마저 내던지는 그녀
아름답고 순수하게 발에 날개를 단 듯이
회오리바람 한복판 나무처럼 흔들리며
그녀는 증인이 된다

그녀의 춤은 앨버트로스의 비행도 아니요
짠물 튀는 파도의 유희도 아니요
바람 속 갈대의 쓰러짐과 일어섬도 아니요
돛을 채우는 바람도 아니요
기다란 풀의 미소도 아니라오

그녀는 더이상 원래 이름으로 불리지 않는다
계급과 육체에서 자신을 해방시키고

피의 노래와 사춘기의 발라드를 매장했다

우리는 독을 묻힌 붉은 옷처럼
우리의 삶을 자신도 모르게 그녀에게 던진다
유연히 훌쩍 기어오른 뱀에게 물린 듯
그녀는 그렇게 춤을 춘다
너덜너덜한 화환처럼 패군의 깃발처럼

그녀는 자신이 증오하는 대상으로 변하여
몽유병자처럼 춤을 춘다
어울리지 않게 얼굴을 찌푸리고
숨을 몰아쉬면서
시원하지 않은 바람을 몸짓으로 가른다
회오리바람처럼 홀로 돌며 비천하고 순수하게

우리 자신은 헐떡이는 그녀의 가슴

그녀의 파리한 낯빛
서쪽을 향해 지르는 그녀의 미친 함성
그녀의 핏줄에서 솟아오르는 붉은 열기
그녀의 어린 시절 하나님에 대한 망각

우리는 모두 여왕이 될 거야

우리는 모두 바닷가 네 왕국을 다스리는
여왕이 될 꿈을 품었다
로살리아와 에피헤니아
솔레다드와 루실라

번제(燔祭)처럼 타오르는
붉은 빛 사프란 빛 산
백 개도 넘는 산으로 둘러싸인
엘키 계곡에서

우리는 자신의 이야기에 취해
정말로 믿었다
우리는 모두 여왕이 될 것이라고
그리하여 바다에 도달할 것이라고

세 가닥으로 땋은 머리

면으로 된 색깔 여린 옷
일곱 살 우리는 무화과나무 숲 그늘 아래
찌르레기를 쫓아다녔다

우리는 코란처럼 의심하지 않았다
우리의 네 왕국은
바다까지 이를 만큼
드넓고 완전할 것이라고

시집갈 때가 되면
우리의 신랑들은 모두
유다 왕 다윗처럼
노래 부르는 왕일 것이라고

우리의 왕국에는
초록빛 바다나 해초의 바다나

꿩 같은 야생 조류가
부족하지 않을 것이라고 했다

나무에는 온갖 열매가 달리고
우유나무와 빵나무가 있을 터이니
우리는 유창목*을 자르거나
쇠 깎는 일을 하지 않을 것이라고 했다

우리는 모두 여왕이 되어
진심으로 왕국을 다스리기로 돼 있었지만
우리 중 누구도 여왕이 되지 못했다
아라우코에서든 코판에서든

---

* árbol de leche. 학명은 Symphonia globulifera 이며 주로 약초로 쓰였다. 여기서는 '우유나무'로 옮겼다. '빵나무(árbol de leche)'는 뽕나뭇과의 열대 식용 식물이다. '유창목'으로 옮긴 guayacán 은 학명이 Lignum vitae 로 재질이 단단하여 엘키 지방의 중요한 수입원이었다.

로살리아는 바다와 결혼한
뱃사람과 입을 맞췄지만
과이테카스의 폭풍이
그를 집어삼켰고

솔레다드는 일곱 형제를 키웠지만
그녀의 빵에는 피가 묻었고
바다를 보지 못한 눈에는
어둠만이 가득 남았다

몬테그란데의 포도원에서
솔레다드는 순결한 하얀 가슴에
여왕 같은 다른 여자들의 아들들을 키우면서
자신의 아이는 결코 얻지 못할 테지

에피헤니아는 길에서 마주친 한 이방인을

아무런 말도 없이
이름도 모른 채 따라갔다
그가 바다처럼 보였기 때문이었다

루실라는 강에게 말을 걸고
산과 갈대와 말을 하고
광기의 달에게서
진리의 왕국을 받았다

그녀는 구름에서 자식 열 명을 셌고
소금밭을 자신의 영토라고 했고
강을 남편으로 보았고
폭풍우를 여왕의 외투로 보았다

하지만 백 개의 산에 둘러싸인
엘키 계곡에는

다음 소녀들이 왔고
그녀들은 노래한다네

"우리는 모두 이 땅의 여왕이 될 거야
진심으로 왕국을 다스릴 거야
왕국은 드넓고
우리는 모두 바다에 도달할 거야."

예술

— 마리아 엔리케타에게 바친다 *

1. 아름다움

노래는 상황이 찢어 놓은 사랑의 상처.

천박한 사내를 자극하는 것은 여자의 자궁과 여체들일 뿐. 하지만 우리는 끊임없이 동요하고 세상 모든 아름다움이 미는 힘을 느낀다. 우리에게 별이 빛나는 밤은 욕정만큼이나 강렬한 사랑이기 때문이지.

노래는 세상의 아름다움에 바치는 우리의 응창. 우리는 억누를 수 없는 전율로 그 응창을 바친다. 천박한 사내들은 벌거벗은 여인의 젖가슴에 몸을 떨지.

우리는 아름다움의 애무에 피로 보답하기 위해, 아름다움의 무한한 부름에 응답한다. 그리고 두려움 속에서도 채찍질을 견디며 인생길을 걷는다. 우리, 순결한 우리는.

---

* María Enriqueta Camarillo (1872 - 1968). 멕시코의 저명한 여성 문인.

2. 노래

 계곡에서 노래하는 여인. 어둠이 내려와 그녀를 덮어 지우려 하지만 노래는 그녀를 들판 위로 들어올린다.

 그날 그녀의 가슴은 강바닥 자갈에 부딪친 단지처럼 산산이 부서졌다. 그러나 그녀의 노래는 멈추시 않았다. 가느다란 노래의 실은 그녀의 가려진 상처를 꿰매 가며 튼튼하고 날카로워진다. 피가 그녀의 목소리를 적시며 음조를 바꾼다.

 들판에서 매일 죽어가는 다른 목소리들은 이미 잠잠하다. 무리에서 떨어져나온 마지막 남은 새도 잠잠하다. 그녀는 그 잠잠해진 목소리들을 자신의 불멸의 가슴에, 고통에 날카로워졌어도 변함없이 감미로운 자신의 목소리에 담는다.

 그녀는 어두운 데서 말없이 지켜보는 남편을 위해 노래하는 것일까? 아니면 그녀의 노래에 평온해지는 어린아이를 위하여? 어쩌면 해질녘 홀로 있는 어린아이보다 더 의지할 데 없는 그녀 자신의 가슴을 위해 부르는 노래인지도 모른다.

밤은 엄마처럼 노래하며 별을 맞으러 나온다. 별은 인간적인 다정함을 품고 피어난다. 별이 빛나는 밤, 인간다워진 하늘은 세상의 고통을 이해한다.

순수의 노래는 비가 되어 평원을 씻어 내리고, 서로 경멸하는 인간들이 만들어 낸 비열한 세상의 대기를 씻어 내린다. 쉼 없이 노래하는 여인, 그 노래로 고귀함을 얻은 하루가 별을 향하여 숨을 불어내며 일어난다!

3. 꿈

하느님의 말씀이 내게 이르렀다. "내가 네게 남겨 준 것은 밤을 지낼 등불뿐이다. 다른 여자들은 사랑과 쾌락을 찾아 서둘러 자리를 떴어도 너는 내가 준

꿈의 등불이 발하는 온화한 빛을 따라 살라.

사랑을 쫓는 여자들은 사랑에 타버릴 것이나 등불은 네 가슴을 불사르지 않을 것이요, 쾌락의 유리는 깨져도 네 등불은 꺼지지 않으리니, 그 빛은 네 마음을 달래 주리라.

인간의 자식을 가르치거든 그 등불을 붉혀 가르치라, 그리하면 네 가르침은 신비한 감미로움을 품을 것이며 네가 실을 짓거나 모직이나 마를 짠다면 그 실꾸리는 성인을 감싸는 금빛보다 더 크리라.

그 등불 아래서 네가 입을 열면 햇빛이 난폭하게 비칠 때 생각하는 것보다 더 온유한 말이 나오리라.

등불을 꺼지지 않게 하는 기름은 네 가슴에서 흘러나올 것이며, 네 가슴은 과일에서 꿀이나 기름을 짜내듯 고통스러울 때도 있으리라. 하지만 그게 무슨 문제랴!

네 눈동자에서 영혼의 그윽한 빛이 반짝이리니, 술

이나 정념에 사로잡힌 자들은 이글거리는 눈빛으로 이렇게 물으리라. '저 여자의 내면에서 타오르는 불은 어떤 것이기에 그녀는 그슬리지도, 타버리지도 않는 걸까?'

그들은 너를 의지할 곳 없는 사람으로 보고 너를 사랑하지 않을 것이며 네게 동정을 베풀어야 한다고 생각하리라. 그래도 그들 가운데 살면서 눈길만으로도 그들의 마음을 편하게 해 줄 수 있다면 너는 자비로운 사람이라 불릴 것이다.

너 자신은 인간의 열정이 낳은 뜨거운 시들을 이 등불 아래서 읽으리니, 그 시들은 네게 더 깊은 뜻을 드러내리라. 그리하여 바이올린 연주를 들을 때 네가 느끼는 괴로움과 기쁨이 누구보다 더 크다는 것을 주위 사람들의 얼굴을 보고 알게 되리라. 그러면 자신의 신앙심에 도취된 성직자가 다가와 네 눈을 보고 네가 온유하고 충실한 하느님에게 도취되었음을 알 것이며 그는 이렇게 말하리라. '당신은 늘 하느님과 동행하는군요, 그런데 나는 무아지경의 순간에만 그분을 위해 빛을 냅니다.'

　대환란이 닥치면 사람들이 자신이 등불로 여기던 돈이나 아내나 애인을 잃고는 그제서야 네가 진정 무자였음을 알리라, 가진 것 없고 아이도 없이 적막한 집에 있을지라도 그 등불의 빛이 네 얼굴을 감쌀 테니까. 그러면 사람들은 딱딱한 빵조각 같은 자신들의 행복을 네게 권했던 것을 생각하고 심히 부끄러워하리라!"

두려움

나는 사람들이 내 딸을
새로 만드는 것을 원치 않는다
멀리 날아가 버릴지 모르니까
영영 집에 돌아오지 않을지 모르니까
내 손이 닿지 않는 처마에 둥지를 틀지 모르니까
그러면 내가 머리를 빗어줄 수 없으니까
나는 사람들이 내 딸을
새로 만드는 것을 원치 않는다

나는 사람들이 내 딸을
공주로 만드는 것을 원치 않는다
금으로 된 작은 신발을 신고서는
들에서 뛰어놀 수 없을 테니
밤이 되어도 더 이상
내 곁에서 잠을 자지 않을 테니
나는 사람들이 내 딸을

공주로 만드는 것을 원치 않는다

나는 사람들이 내 딸을
여왕으로 만드는 것은 더더욱 원치 않는다
내 딸을 내 발로 오를 수 없는
왕좌에 올려놓을 테니까
밤이 와도
내가 잠재울 수 없을 테니까
나는 사람들이 내 딸을
여왕으로 만드는 것을 원치 않는다

물잔

나는 물이 담긴 잔을 운반했지,
섬에서 섬으로 물을 쏟지 않고서.
물을 잃으면 주인이 갈증을 풀 수 없을 테니
한 방울이라도 흘리면 그 선물이 손상될 테니
잔을 엎지르면 주인이 탄식할 테니.

하여 나는 대도시 앞에 고개를 숙이지도
그 철탑의 숲들을 칭송하지도
거대한 피라미드에 경의를 표하지도
어린아이들을 데리고 살 집도 짓지 않았지.

새날이 밝아 햇빛이 얼굴을 비출 때
나는 그 잔을 건네고 말했지,
"이제 내 팔은 주인 없는 구름처럼 자유로워요,
내 목은 언덕에 서서
계곡의 부름에 흔들거려요."

하지만 나의 환희는 거짓이었어. 나를 봐!
다이아몬드 같은 물이 없는 손을 내려다보며
천천히 걷고 있는 나를 봐,
보물을 놓고 말없이 떠나는 나를 봐.
고뇌와 공포로 피가 휘감으며
가슴과 맥박을 때리고 있잖아.

잠 못 이루는 밤

깊어 가는 밤
서 있던 것들은 몸을 누이고
굽어 있던 것들은 몸을 바로 세울 때
계단을 오르는 그의 발소리
나만이 들을 수 있지
다른 이가 못 들어도 상관없어
잠들지 않은 하인이 귀를 세워도
그 소리를 듣지 못했을 거야

내가 한 번 숨쉰 사이 그는 발을 내딛고
그가 올 때까지 나는 고통스러워
─운명에 실려 마구 요동치는 광기
미친 듯이 방문을 두드려대는
열띤 가시나무

나는 일어나지도 눈뜨지도 않고

마음의 눈으로 그의 모습을 쫓지
밤의 어둠이 우리를 덮고
한순간 휴식이 찾아오지만
이내 끝없는 물결에 실려가듯
다시 그의 발소리가 들려온다

그는 밤새 오간다
아무 뜻도 없는 선물이 오가고
멀어지듯 가까워지듯
해파리가 파도에 떠돌고
나는 침대에서 남은 숨을 다해
그를 돕는다
어둠 속에서 더듬대는 그가
다치지 않도록

울림이 없는 나무 계단에서도

그의 발소리는 수정처럼 내 귀에 울리지
나는 알아 그가 어느 계단에서 멈추어
자문자답하고 있는지
나는 들려 어느 충실한 계단이 내 영혼처럼
그에게 투덜대는지
하지만 귀를 기울여도 마지막 그 신중한 걸음은
끝내 들리지 않지

나의 집은 그의 몸을 견딘다
자신을 휘감는 불길을 견디듯
뜨거운 벽돌의 열기를 띤 그의 얼굴이
문에 닿는 것을 느끼고
몰랐던 행복을 맛보지만
살아 있어 괴롭고 깨어 있어 매일 죽는 나는
고뇌에 자신을 빼앗기는걸
그의 힘이 빠지고 그러면 내 힘도 빠지지

다음날 나는 뺨과 혀로
계단 거울에서 어렴풋이
그의 윤곽을 더듬고 핥아 보지만
부질없는 짓
눈먼 밤이 오기까지 몇 시간만은
평온한 내 영혼

그를 만난 방랑자가
전설 같은 이야기를 한다—
육신이 없는 그는
예전의 그가 아니라고
그가 노려보면
사람을 얼어붙게도
불붙게도 한다고

그를 보거든 아무것도 묻지 말아요
돌아오지 말라고만 해주세요
그도 잠들고 나도 잠들 수 있게
기억을 되살리지 말라고
그의 이름을 떠올리게 하지 말라고
발걸음이 일으킨 먼지처럼
불현듯 솟아올라 이글거리는 눈으로
내 방문을 노려보지 말라고 해주세요

행복한 여자

모든 걸 버린 너와 나
그래서 서로를 얻은 너와 나
시새움에서 벗어나
해방된 삶을 사는 너와 나
그 빛 아래 선 너와 나
우리는 하나로 짠 면직물 같아

세상을 버리고 얻은 벽
그 벽과 대화하는 너와 나
우리에겐 나라와 사람과
귀한 보물이 있었지만
사랑은 자기 희생에 취해
미친 듯이 그 모든 것을 내주었지

사랑은 늑대처럼 조용히
고독을 갈구했고

좁다란 계곡에 이르러
구멍을 파 집을 삼았지
우리는 그의 발자국을 따라갔어
일절 돌아올 생각 없이 . . .

컵을 가득 채운 물처럼
정확하고 엄밀하게
그의 시간을 훔치지 않기 위해
쓸데없는 말을 하지 않기 위해
나는 당신의 집 안으로 사라졌지
칼집에 들어간 칼처럼

논밭과 해변과
회향풀 난 광막한 모래언덕들
우리에게 즐거움을 주던 그 모든 건
이제 필요치 않아

경이로운 사랑이
경이를 완성했으니까

우리의 행복은
금 같은 꿀을 감춘 벌집과 같고
그 꿀의 무게는
내 가슴을 누르기도 하지
그래서 기분이 들뜨다가도 가라앉고
나 자신을 알면서도 모르는 것이지

다른 이들과 함께한 나날이
이젠 떠오르지 않아
가난한 집 아궁이처럼
기억을 모조리 불살랐지
이제 다시 고향에 돌아가도
마을의 지붕들도 알아보지 못해

엄마 젖을 빨던 동생마저
나를 알아보지 못해

그래도 내가 숨은 곳에
그들이 찾아오는 걸 원치 않아
빙판을 건너 달아난
곰의 발자국이나 먼저 찾아 보라지

세월의 때가 낀 시커먼 벽
귀먹은 문지방의 이끼
우리 이름을 부르는 이들은
부르다 부르다 지치고 지치고

나 죽으면
버섯이 한가로이 자라난 안뜰을 건너가리
벌채되어 껍질 벗긴 포플러나무처럼

그가 나를 받아 안으리

하여 나는 그의 어깨 끄트러미 너머를
하염없이 바라보리
나를 쳐다보지 않던 마을 사람들은
얼굴 없이 지나가는 나를 보겠지
남편 대신 떠도는
먼지만이 나를 맞으리

낙원

황금빛 벽화에
돋을새김된
금실 타래 같은 두 사람

정적이 흐르는 초원
찬란한 한 사람은 귀를 기울이고
화려한 한 사람은 말을 하고

아무것도 한들거리지 않는 초원
숨 속으로 사라지는 숨
그래서 한들거리는 그 얼굴

두 사람에게도 시간이 있었지
그래서 지금도 슬퍼하고 있어
슬픈 시간을 불러내면서

시간은 떠돌이 개처럼
문턱에 와 멈추는데
그 황금빛 번뇌의 순간은 . . .

경건한 여인

등대지기가 보고 싶다.
그를 만나러 절벽 끝까지 오르고 싶고
그의 입에 든 파도를 맛보고 싶고
그의 눈에 담긴 심연을 보고 싶다.
소금에 절인 듯 짠내 날 듯한 그 **노인**,
그가 살아 있다면 그에게 가고 싶다.

동쪽만 바라본다는 **노인**,
살아 있어도 유폐된 **노인**,
그와 파도 사이에 끼어들어
심연 대신 나를 보게 하고 싶다.

내가 잠드는 곳과 내가 걷고 있는 곳,
그는 그곳의 밤에 대한 전부를 안다.
썰물도 문어도 해면도 알고,
감각을 멈추는 절규도 안다.

형벌을 안은 **그**의 충실한 가슴,
그것을 비웃는 갯바람.
휘파람을 불어
그에게 야유하는 갈매기들.
상처 입은 늣 창백한 그는
사람들에게 모습을 드러내지 않는다.
마치 태어난 적도 없는 듯
미동도 말도 없다.

그래도 나는 등대로 가리라,
칼날 같은 길을 걸어 오르리라.
이 세상과 하늘나라에 대해
모든 것을 말해줄 그에게로,
그에게 줄 우유가 든 주전자와
포도주를 조금 가지고 . . .

하지만 그는 자신만 아는
바다에만 귀를 기울이고
소금과 망각 속에 모든 것이 멈춘 가운데
이제는 아무것도 듣지 않는지 모른다.

블랑카 언니에게

언니한테 갈 수 있을지 모르지만
그래 볼게, 언니.

내가 가면 들판이 얼지 않는 초여름,
훈훈하게 바람 부는 날일 거야.
어쩌면 언니 꿈 언저리에라도,
사랑을 품고, 아무런 말이 없이.

아무튼 우뚝 서 있어, 언니,
혹시 길이 엇갈릴지도 모르니까,
내가 살던 여인숙을 추억할
흙을 조금만 가져와.

내 손에 여행 가방이 없더라도,
내 모습이 나 같지 않아도 놀라지 마.
내가 물음에 답하지 않는다고 울지도 마,

나는 입만 열면 죄를 짓잖아.
그러니 언니의 말을 들려줘, 언니의 말을,
가지에 내려앉은 비둘기 같은 언니의 말을.

나는 외롭지 않아

산에도 바다에도
밤은 홀로 외로운데,
너를 안아 흔들고 있는 나는,
나는 외롭지 않아.

달은 바다로 들어가고
하늘은 홀로 외로운데,
너를 안고 있는 나는,
나는 외롭지 않아.

세상은 홀로 버려지고
사람들은 슬픔에 젖어 있지만,
너를 안고 있는 나는,
나는 외롭지 않아!

발견

일하러 나갔다가
밭에서 발견한 어린아이
흩어진 이삭 위에
잠들어 있던 어린아이

아니, 그랬다기보단
어린 싹을 찾아
포도밭을 돌아다니다
그 아이의 뺨을 스쳤지

하여 나는 걱정하네
내가 잠들면
그 아이가 포도밭에 낀 성에처럼
사라질까 하여

아이들의 이름은 '오늘'

 우리는 많은 실수와 잘못을 저지르고 있지만
 최악의 죄는 생명의 씨앗을 방치하고 아이를 버리는 것입니다.
 많은 것을 미룰 수 있지만 아이는 그럴 수 없습니다.
 바로 오늘, 아이들의 뼈가 자라고
 피가 만들어지고
 감각이 피어나고 있습니다.
 아이에게 '내일'이라고 말해서는 안 됩니다.
 아이들의 이름은 '오늘'입니다.

자장자장

거룩한 바다는
파도를 안고 자장자장
바다의 사랑 노래 들으며 나도
우리 아기 안고 자장자장

정처 없는 바람은
벼 이삭 안고 자장자장
바람의 사랑 노래 들으며 나도
우리 아기 안고 자장자장

죽음의 노래

인구 조사원 **죽음**이여,
늙고 교활한 여인 **죽음**이여,
너는 일을 하러 다닐 때
내 아기는 찾지 말라.

킁킁거리며 갓난아기 냄새,
젖냄새를 찾아다니되,
소금과 밀가루를 찾아다니되,
내게서는 그것을 찾지 말라.

세상 모든 엄마의 적이여,
물가와 길가의
인간 수집가여,
내 젖먹이는 찾지 말라.

그의 세례명은,

그와 함께 자라는 꽃은,
기억의 신이여, 그것들은 아예 잊어라,
죽음이여, 그것들은 아예 잊어라.

바람과 소금과 모래가
그대를 실성하게 하고
착각하게 하고
바다의 물고기처럼

동과 서를, 어미와 아기를
구분하지 못하게 하고,
그날, 그때가 오더라도
나만 찾아내기를 바라노라.

엄마의 슬픔

잘 자라 우리 아가
걱정도 말고 두려워도 말고
엄마의 영혼은 잠들지 않아도
엄마는 쉬지 않아도

잘 자라 우리 아가
풀잎 한 장 소리보다
양털 한 올 소리보다
더 작게 새근새근

엄마 몸도 걱정도 두려움도
우리 아가 안에서 잠이 들고
우리 아가 안에서 엄마는 눈을 감고
엄마 마음도 우리 아가 안에서 잠들었으면

아들의 죽음을 애도하며

모든 것을 잃었지만
귀청을 울리던 너의 함성과
쏜살같은 발소리가 남아서
엄마는 괜찮아, 미겔, 그것으로 충분해.
너의 머리카락 두 타래는
이 엄마에게 더없이 소중해.
여생을 견딘 뒤 영원의 잠에 들어
다시 깨어날 때까지 간직할 것들이란다.

아직도 기분이 이상하구나,
네게 오렌지를 썰어 주지 않는 것이,
내가 마저 먹을, 네가 먹다 남긴 빵이 없는 것이,
네가 들어올 때 잠긴 문을 열어주곤 했는데
이젠 그러지 못하는 것이.

죽음과 그의 종들이 할일을 모두 마쳤는데도

엄마 눈에는 여전히 네가 보이니 놀랍구나.
꺾이지 않은 갈대나 골풀처럼 꼿꼿이 서 있다가도
엄마가 부르면, 아니
부르지 않아도 너는 달려오지.

엄마는 몸이 아직 예전 같지 않아.
예전처럼 걷지도 못해.
엄마는 아직 너와 함께 있어,
네가 죽은 순간 꽁꽁 묶여 꼼짝하지 못하지.
외나무 다리에서 마주친 사람들처럼
너는 가던 길을 갈지 망설이고
나는 뒤돌아가기를 주저하고.

우리는 **영원**이지만,
아직은 그 맛을 조금 보았을 뿐,
두려운 첫 발을 내디뎠을 뿐.

선조의 빛이 내려와 우리를 비추는구나,
우리를 들어올려 가려고,
손을 내밀어 우리를 부르는구나.

지붕이 갈라지고
벽에서는 연기가 나던
그날 아침처럼
그저 손에 손을 잡고
그대로 가던 길을 가면 되는 거야,
조롱과 약탈 앞에서도
곧고 고결하게.

넌 네가 그 길을 가는 걸 모른 채,
난 내가 네 뒤를 따르는 걸 모른 채,
서로가 불빛의 근원이며, 서로가
형언할 수 없는 균열의 근원임을 모른 채,

우리를 속박하는 경계도 없고
우리를 괴롭히는 국경도 없는 땅을
미끄러지듯 지나가고 있다는 것을 모른 채.

잠든 때나 깨어 있을 때나
우리는 가고 또 가고 있는 거야,
우리가 만날 곳을 향하여.
그런데 우리는 모르고 있어,
우리는 이미 그곳에 도착해 있음을.

하지만 절대적인 침묵이 흐르고
거추장스러운 몸이 없는데도,
우리를 불러야 할 그 소리는 들리지 않는구나,
우리를 불러야 할 **그분**도 얼굴을 드러내지 않고.

하지만 사랑하는 아들아,

그건 어쩌면 표정 없는
영원의 얼굴이 주는 선물,
무형의 왕국이 주는 선물인지도.

네가 좋아하던 노래를 부르리

내 사랑하는 아들, 네가 좋아하는 노래를 부를게.
가까이 있을지 모르니까, 듣고 있을지 모르니까,
네가 살던 세상을 기억할지 모르니까,
해질녘에 그 노래를 부를게,
내 그림자 같은 내 사랑하는 아들.

내 사랑하는 아들, 나는 가만있을 수가 없어.
내가 부르지 않으면 어떻게 나를 찾겠니?
네가 온 걸 무슨 신호로 알 수 있겠니?

내 사랑하는 아들, 너의 나는 변하지 않았어.
몸과 기억이 희미해지지도 길을 잃지도 않았어.
내 사랑하는 아들, 해질녘에 내게로 와.
그 노래를 떠올리며 와, 내 사랑하는 아들.
네가 배운 노래를 기억한다면,
내 이름을 아직 기억한다면.

언제까지나 너를 기다릴게
밤도 안개도 폭우도 두려워 말고
길이 있든 없든 상관하지 말고 와.
내 사랑하는 아들,
네가 있는 곳에서 나를 힘껏 불러,
그리고 곧장 내게로 달려와.

잃어버린 내 이름

내 이름, 내가 잃어버린 그 이름은
행복할까? 지금은 어디서 살고 있을까?
어린 시절 그 이름, 우유 거품 같은 그 이름,
떨기나무 잎마냥 사뿐한 그 이름.

나를 벗어나서 좋아했지, 그 이름은,
내 사춘기를 벗어나서 좋아했지, 그 이름은,
들이나 초원을 걸을 때 이제는
나와 함께 걷지 않네, 그 이름은.

내 한탄을 알지 못하리, 그 이름은,
눈물로도 태우지 못한 내 한탄을,
그 이름은 나의 백발도
쓴맛을 본 지금의 내 입도 본 적이 없으니
우리 다시 만나도 말이 없으리.

나 살던 산골짜기를
해거름에 돌아다닌다 하네,
내 몸이 없는 그 이름은,
내 영혼이 된 그 이름은.

말 없는 사람

네가 싫어지면
분명한 말로 확실히 보여 줄게
그런데 난 널 사랑하는걸
나의 사랑은 사람들 말을 신뢰하지 않아

너는 내가 사랑을 크게 외치기 바라지만
그건 깊디깊은 곳에서 나와야 하는걸
그런데 그 뜨거운 분출은
가슴과 목에 이르기도 전에
쇠잔해 그칠 거야

내 눈엔 넘칠 듯한 저수지라도
네 눈엔 메마른 샘물로 보이는구나
나는 비참한 침묵에 신음하는데
그건 죽음보다 비참한데

별의 발라드

"별아, 별아, 내가 슬퍼.
말해다오, 하늘에서 보면
나만큼 슬픈 이가 있니?"
　"응, 더 슬픈 이가 있어."

"별아, 별아, 내가 외로워.
내 영혼에게 말해다오,
내 영혼만큼 외로운 이가 있는지."
　"응, 더 외로운 이가 있어."

"하염없이 흐르는 내 피눈물을 봐.
말해다오, 근심 걱정의 눈물을
외투처럼 뒤집어쓴 이가 나 말고 또 있는지."
　"응, 더 하염없이 눈물 흘리는 이가 있어.

그건 나야,

마법을 거는 나.
나는 눈물로 빛을 만들거든."

풍요

나는 진정한 행복도 알고
사라진 행복도 안다
하나는 장미 같았고
하나는 가시 같았지
그러나 나는 도둑을 맞아도
그것들을 빼앗기지 않았으며
찬란한 자줏빛과
이 모든 우울이 있어 풍요롭다
아, 장미의 사랑은!
아, 가시의 사랑은!
쌍둥이처럼 겹쳐 놓은 과일 같지
나는 진정한 행복도 알고
사라진 행복도 안다

노래는 부르지 마

노래는 부르지 마—
혀에 노래를 달고 사는 너
그렇게 꼭 불러야만 하는지

키스도 하지 마—
기묘한 저주처럼
그 키스는 내 몸속을 파고들지 않아

기도해, 기도는 달콤하잖아—
하지만 너의 구원자 하나님을
네 탐욕스러운 혀에 올리는 건 곤란해

죽음을 자비롭다 하지 마—
한 조각 살아 남은
네 희고 흰 살점이, 그 무한한 살점이
흙에 질식되고, 질식되고

네 머리칼을, 그 무수한 머리칼을
게걸스러운 구더기들이 분해할 테니

딴 여자에 대한 노래

그는 딴 여자와 지나갔어
나는 그가 가는 걸 보았지
바람은 그리도 감미롭고
길은 그토록 평화로운데
내 비참한 두 눈은
그가 가는 걸 보았지

그는 딴 여자와 사랑에 빠졌어
꽃 피는 이 땅
가시나무 덤불엔 꽃이 만발하고
노래는 바람 타고 흐르는데
그는 꽃 피는 이 땅에서
딴 여자와 사랑에 빠졌어

그는 딴 여자와 키스했어
바닷가에서 딴 여자와 키스했지

오렌지 꽃 모양 달은
바다에 번지는데
내 피는 망망대해를
조금도 흐리지 못하네

그는 영원히 딴 여자와 떠나겠지
하늘은 맑은데
(하나님은 말을 말라 하시고)
그는 딴 여자와 함께
영원히 가 버리겠지

모든 게 우리를 떠나네

한 방울 한 방울 너를 떠나네, 내 몸은
무표정한 유화가 되어 떠나네, 내 얼굴은
수은처럼 흩어져 버리네, 내 손은
두 개의 먼지 기둥을 일으키며 떠나네, 내 발은.

모든 게 너를 떠나네, 모든 게 우리를 떠나네!

누구도 듣지 못한
내 목소리도 이제 너를 떠나네
네 눈 앞에서 물렛가락처럼 움직이던
내 몸짓도 떠나네
너만 바라보던 내 눈은
느릅나무와 노간주나무 껍질처럼 변하네.

그건 너 혼자 숨을 쉬게 하려는 거야
그건 네 몸의 수분처럼 증발하고 있지

잘 때나 깨 있을 때나 난 너를 떠나고
네 신실한 기억에서 난 지워지고
어디에도 태어나지 않은 사람처럼
네 기억에서 사라지네.

내가 피라면 좋겠어
그 피를 네 수고로운 손에,
포도주를 머금은 네 입에 남길 수 있다면!
그러면 난 네 몸도 떠날 거야!
다시는 듣지 못할 네 걸음 소리에서,
고독한 바다의 광기처럼
한밤중에 울리는 네 정열에서도 나는 떠날 거야!

모든 게 떠나네, 모든 게 우리를 떠나네.

죽음의 소네트

I

사람들이 차디찬 묘실에 놓아둔 당신을
초라하지만 양지 바른 땅에 내려놓을게
그 안에서 나도 잠들어야 한다는 것을
당신과 같은 베개에서 자야 한다는 것을 그들은
몰랐지

잠든 아이를 돌보는 엄마처럼 살며시
당신을 양지 바른 곳에 내려놓을게
땅은 부드러운 요람이 되어
아픔에 신음하는 당신의 젊은 시체를 받을 거야

장미 꽃잎 가루와 흙을 뿌릴게
그리고 당신의 홀쭉한 뼈는 영원히
푸르스름한 달빛의 희미한 조각들의 포로가 될
거야

아름다운 복수의 노래를 부르며 나는 그곳을 떠날게
깊은 곳에 숨겨진 당신이 이 세상에 남긴 흔적에 대한 내 권리에는
아무도 손대지 못 할거야

II
이 커가는 피로는 언젠간 정점에 이르고
영혼은 육신에게 속닥거릴 거야
단순히 살려고 무거운 짐처럼 몸을 끌며 걷는 장미빛 길이라도
어서 벗어나고픈 갈망에 대해서

당신은 사람들이 당신 옆에 다급히 땅을 파는 것을 느낄 거야

그러면 깊이 잠든 누군가가 당신의 조용한 문 앞에 도착하겠지
나도 완전히 흙에 덮일 날을 기다릴게
그런 다음 우리는 영원히 이야기를 나누겠지!

그제서야 당신은 그 이유를 알게 될 거야
아직 푸르렀던 육신은 사라지지 않고
당신은 눈을 뜬 채 잠들기 위해 심연의 성지로 내려가야 한 이유를

운명이 결정되는 곳에는 빛이 있을 거야
별들이 우리에게 신호를 보냈음을
그 거대한 약속이 깨졌을 때 당신은 죽어야 했음을 알게 될 거야

III

그날 악마의 손이 당신의 생명을 앗아갔지
기쁨에 넘쳐 보이던 흰 백합 화단에서
나는 별들의 신호를 보고 그곳을 떠났고
악마의 손은 비극과 함께 찾아왔어

나는 주님께 말했어—"희망 없는 죽음의 길로
그 사람이 이끌려 갔어요. 내 사랑하는 사람의
망령이 안내자도 없이!
주님, 그를 붙잡아 주세요, 당신이 마련해 놓은 깊은 잠에서
그를 죽여 매장하는 악마의 손에서 벗어나게 해 주세요!

나는 그를 부를 수가 없어요, 그와 함께 갈 수가 없어요!

폭풍이 불어와 그가 탄 쪽배를 밀어내고 있어요.
그를 내 품에 돌려주세요, 나중에 그가 인생의
꽃을 한창 피웠을 때 데려가시면 되잖아요."

장미빛이었던 그의 생명을 실은 쪽배는 끝에 닿
았다
내가 사랑을 베풀지 않았나요? 자비를 베풀지 않
았나요?
주님, 제게 심판의 날을 내리실 때 그 사실을 기
억해 주세요

예술가 십계명

1

아름다움은 우주에 드리운 하나님의 그림자, 그 아름다움을 사랑하십시오.

2

예술치고 무신론적인 것은 없습니다. 창조주를 숭배하지 않을지라도 창조 행위는 그의 형상을 좇는 것이며, 그럼으로써 그의 존재를 긍정하는 것이 됩니다.

3

아름다움을 영혼의 양식으로 삼되 감각의 미끼로 삼지 마십시오.

4

아름다움을 영혼의 숭고한 운동으로 삼되 사치

나 허영으로 삼지 마십시오.

5

아름다움을 시장에서 찾지도 시장에 내다 팔지도 마십시오. 아름다움은 동정녀와 같고, 시장에 있는 것은 그녀가 아닙니다.

6

아름다움은 마음에서 우러난 노래여야 하니 자신부터 정결해지도록 하십시오.

7

아름다움은 또한 자비로도 불려야 하고 사람들을 위로하는 것이어야 합니다.

8

어머니가 자식을 낳듯이 마음의 피를 뽑아 작품을 생산하십시오.

9

아름다움은 잠들게 하는 아편이 아니라 행동에 불을 붙이는 좋은 포도주여야 합니다. 남자든 여자든 인간적이지 않다면 예술가이기를 포기하는 것입니다.

10

무언가를 창조하고 나면 겸허해야 합니다. 그 창조물은 그대의 꿈보다 못하고 필시 하나님의 위대한 꿈인 자연보다 못한 것이기에.

옮긴이의 말

지금은 미스트랄의 시간

라틴아메리카 시문학을 대표하는 여성 시인을 꼽으라면 역시 가브리엘라 미스트랄입니다. 달리 강조할 필요도 없이 미스트랄은 라틴아메리카 시문학의 대모입니다. 1945년 라틴아메리카에서는 최초로 노벨문학상을 받았고, 여성작가로는 역사상 다섯 번째 수상자였습니다. 같은 칠레 시인으로 1971년에 노벨문학상을 받은 네루다는 그녀가 지도하던 학생이었습니다. 미스트랄이 노벨문학상을 수상했을 때 네루다는 상원 연설에서 스승의 시에 뜨거운 찬사를 보낸 바 있습니다.

그런데 무슨 까닭에서인지 한국에서는 시인 미스트랄에게 거의 관심을 가지지 않았습니다. 여러 시인들의 시와 함께 수록된

선집에 소개되거나 동화가 번역 출간되기도 했으나 단독 시집으로는 『밤은 엄마처럼 노래한다』가 처음입니다. 미스트랄이 칠레 화폐 5천 페소에 새겨진 인물이라는 사실, 1996년 박경리 작가가 미스트랄 문학메달을 수상했다는 소식, 2010년 칠레의 광산 사고에서 생환한 광부들이 미스트랄과 네루다의 시를 낭송하며 버텼다는 후일담 등은 어디까지나 주변적인 뉴스에 지나지 않습니다. 한국에서 미스트랄의 시집 한 권이 없는 이유에는 아마도 라틴아메리카 여성문학, 게다가 시 장르는 시장에서 큰 재미를 보기 어렵다는 출판계의 공감대 같은 것도 있을 것입니다.

라틴아메리카 시라고 하면 거의 반사적으로 네루다가 언급되는 현실에 토를 달 수 없는 노릇이긴 하나, 최근까지도 미스트랄의 문학적 위상이 네루다에 필적하지 못했다는 것은 그녀의 노벨문학상 수상과 다른 많은 업적을 감안하면 놀라운 일입니다. 칠레에서조차 시인 미스트랄에 대한 관심은 2019년이 되어서야 급증했습니다. 그해 10월 칠레를 뒤흔들었던 반정부 시위에서 미스트랄은 지난 반세기와는 다른 모습으로 등장했고, 2020년 칠레 정부는 그녀의 시와 에세이와 편지로 구성된 총 8권의 디지털 앤솔러지를 발표했습니다. 밀레니얼 세대인 서른여섯 살의 신임 대통령 가브리엘 보릭은 미스트랄을 자신이 가장 좋아하는 시인으로 꼽으며 그녀의 시를 자주 인용합니다. 라틴아메리카 문학 전문가인 클라우디아 카베요 후트 교수의 말처럼 뒤

늦게 미스트랄의 시대가 온 것일지도 모릅니다.

1

미스트랄이 태어나고, 일하고, 글을 쓰기 시작한 곳은 안데스 산맥 엘키 계곡의 작은 부락인 비큐냐였습니다. 그녀의 본명은 루실라 데 마리아 고도이 알카야가. 이 긴 이름에는 부모의 이름이 모두 들어 있고 바스크인의 뿌리도 담겨 있습니다. 미스트랄이 세 살쯤 되었을 때 방랑 시인이자 임시직 교사였다는 아버지가 집을 나간 탓에 남은 가족은 그녀보다 열대여섯 살 위인 이복언니 에멜리나가 교사로 일하는 학교의 숙사에서 8년 동안 함께 살아야 했습니다. 그래서인지 미스트랄의 글에는 아동권리, 사

비쿠냐의 미스트랄 생가.

어린 미스트랄과 할머니.

회정의, 교육이라는 주제가 자주 등장합니다.

미스트랄의 할머니는 어린 손녀에게 성경의 시편을 외우게 했는데, 이 경험은 훗날 미스트랄의 문학적 소양과 글쓰기에 귀중한 바탕이 되었습니다. 미스트랄은 십대에 이미 여러 지역 신문에 글을 발표했습니다. 시는 대부분 구슬펐고 산문에는 사회적 의식이 또렷하게 드러났습니다. 그녀가 사범 고등학교 입학을 거부당했던 것도 지역 신문에 발표한 글 때문이었습니다. 학교 당국자는 미스트랄이 사회주의 사상에 물들었다며 상급 학교에 진학하려면 글의 논조를 누그러뜨리라고 요구했지만 그녀는 거절하고 독학을 택했습니다. 이듬해 미스트랄은 한 지역 신문에 "내가 남자들보다 못한 게 뭐가 있습니까"라며 여성교육에 힘

써 달라는 글을 기고했습니다. 그녀의 나이 열일곱 살 때였습니다.

고등학교에 다닐 수 없었던 미스트랄은 일을 해야만 했습니다. 당시 엘키에서 어른이든 어린이든 일을 안 한다는 것은 굶주림을 의미했고, 그녀는 라세레나와 라칸테라 등지의 마을 학교에서 교사 보조원으로 일하며 어머니를 부양했습니다. 미스트랄은 1910년 산티아고에서 치른 교원자격시험을 통과하여 정식으로 교편을 잡았는데 그런 중에도 니카라과 시인 루벤 다리오가 이끄는 잡지 《엘레간시아스》를 비롯한 여러 매체에 계속해서 글을 발표했습니다. 특히 지역 신문들은 미스트랄의 존재를 주민들에게 알릴 수 있는 유용한 매체였습니다. 책과 같은 읽을거리가 부족했던 시대와 장소였던 만큼 지역 신문은 주민들이 문화를 접할 수 있는 유일한 창구였습니다. 관련 분야의 학위가 없는 미스트랄이 혜성처럼 나타난 교육자로 유명해진 것도 그녀가 십대 시절부터 지역 신문에 발표한 많은 글이 인정받아서였습니다. 루실라 고도이 알카야가는 스무 살 즈음부터 '가브리엘라 미스트랄'이라는 필명을 쓰기 시작했습니다.

2

1909년 미스트랄이 스무 살이 되던 해에 그녀가 '깊은 영적인 사랑'을 느꼈다는 첫사랑 로멜리오 우레타가 스스로 목숨을 끊

로멜리오 우레타

후안 미겔

었습니다. 1942년에는 친구인 슈테판 츠바이크 부부가 동반 자살했고, 이듬해 여름에는 미스트랄의 양아들 후안 미겔이 열여덟 살의 나이로 자살했습니다.˚ 그녀가 동시대 다른 어떤 라틴아메리카 시인보다 죽음을 시의 모티프로 적극 끌어들인 것은 우연이 아닐 터입니다. 미스트랄의 시에는 그녀가 아니고서는 표현할 수 없는 진혼이 서려 있고, 상처 입은 영혼만이 감지할 수

---

* 제2차 세계대전이 발발하자 미스트랄은 후안 미겔(1925-1943)을 데리고 브라질로 이주했다. 칠레 영사로 근무했던 미스트랄은 페트로폴리스에서 나치를 피해 망명한 슈테판 츠바이크 부부와 친하게 지냈는데, 이 부부는 1942년 2월 23일 숨진 채 발견되었다. 이듬해 8월 14일에는 애칭 인인(Yin Yin)으로 불리던 미겔이 비소 섭취로 자살했다. 페트로폴리스에 묻힌 미겔의 유해는 2005년 칠레로 옮겨져 미스트랄이 묻힌 몬테그란데 묘지 옆에 안장되었다. 미겔은 미스트랄의 조카로 알려져 있다.

있는 슬픔의 수맥이 흐릅니다. 미스트랄은 평생 결혼하지 않았습니다.

어느 모로 보나 미스트랄은 죽음을 노래하는 시인입니다. 1914년 창작시 경연대회인 후에고스 플로랄레스에서 최고상을 수상한 「죽음의 소네트」와 시집 『황폐』『벌채』『포도압착기』에는 첫사랑의 자살에서 홀로코스트에 이르기까지 실로 많은 죽음이 등장합니다. 그녀가 노래하는 죽음은 때로는 모호하고 비유적이며 낯선 상징들이 적지 않지만, 그럼에도 일관되게 느낄 수 있는 것은 의심할 수 없는 진짜 슬픔과 인류애를 향한 열망입니다. 미스트랄은 자신의 시상(詩想)을 표현하는 수단으로 메시지라는 뜻의 '레카도(recado)' 형식을 취해 구연하는 듯한 간결한 산문시를 즐겨 썼고 이에 영향을 준 것은 아메리카 원주민의 전통과 아이스킬로스의 비극, 성경의 시편, 단테의 신곡입니다. 시인으로서 미스트랄의 탁월한 자질 중 하나가 레카도 형식의 산문시라는 데 비평가들은 의견을 같이합니다.

밤은 엄마처럼 노래하며 별을 맞으러 나온다. 별은 인간적인 다정함을 품고 피어난다. 별이 빛나는 밤, 인간다워진 하늘은 세상의 고통을 이해한다.

순수의 노래는 비가 되어 평원을 씻어 내리고, 서로 경멸하는 인간들이 만들어 낸 비열한 세상의 대기를 씻어 내린다. 쉼 없이 노래하는 여인, 그 노래로 고귀함을 얻은 하루가 별을 향하여 숨을 불어내며 일어난다!

(. . .)

대환란이 닥치면 사람들이 자신이 등불로 여기던 돈이나 아내나 애인을 잃고는 그제서야 네가 진정 부자였음을 알리라, 가진 것 없고 아이도 없이 적막한 집에 있을지라도 그 등불의 빛이 네 얼굴을 감쌀 테니까. 그러면 사람들은 딱딱한 빵조각 같은 자신들의 행복을 네게 권했던 것을 생각하고 심히 부끄러워하리라!

―「예술」중에서

1920년 미스트랄은 산티아고 남서쪽에 위치한 테무코의 여학교에 교사 겸 교장으로 재직했습니다. 당시 그녀를 찾아가 조언을 구하던 십대 문학소년이 한 명 있었는데 그가 바로 파블로 네루다(1904 - 1973)입니다. 미스트랄은 네루다가 찾아올 때마다 러시아 소설을 건넸고 그 덕분에 톨스토이와 도스토예프스키 같은 대문호의 소설을 애독할 수 있었다고 네루다는 회상했습니다.

그 무렵 테무코에서는 미스트랄을 둘러싼 악성 루머들이 퍼졌습니다. 그녀의 시에 묘사된 임신과 출산 장면 때문인지 근거 없는 풍문이 꼬리에 꼬리를 물었고 미스트랄은 여성 교육자로서 수치와 모욕을 감내해야 했습니다. 이듬해 미스트랄은 테무코를 떠나 새 부임지인 산티아고로 갔는데, 이후 두 번 다시 테무코에 발을 들이지 않았습니다. 그 시끄러웠던 소문의 전말은 네루다가 자신의 회고록에 비교적 자세히 적었습니다.

1921년 칠레의 명문 산티아고 여자고등학교 교장이 된 미스트랄은 뉴욕에서 첫 시집 『황폐』(1922)를 냈습니다. 이미 십대 시절부터 많은 시를 신문이나 잡지에 발표해왔다는 점을 감안하면 늦은 감이 없지 않습니다. 첫 시집에 수록된 시의 일부는 자장가와 동요가 주를 이루는 그다음 시집 『사랑의 속삭임』(1924) 초판에 다시 포함되었습니다. 마드리드에서 출간된 『사랑의 속삭임』의 인기는 멕시코까지 전해져 4천 명이나 되는 어린이늘이 그녀의 시를 돌아가며 부른 유명한 일화가 있습니다. 아동과 청소년, 특히 버림받은 아이들의 교육과 복지에 대한 미스트랄의 열정은 창작 활동의 근간이었습니다. 교사용 저널과 신지학 학회지에 실린 시를 비롯하여 사후에 출판된 『칠레의 시 Poema de Chile』(1967)에 수록된 시의 상당 부분도 학생들이 읽도록 의도한 것입니다. 이런 까닭에 미스트랄은 1922년 멕시코 교육부 장관 호세 바스콘셀로스의 초청으로 멕시코로 건너가 2년간 혁신적인 교육개혁과 공공도서관 설립을 주도했습니다. 그런 가운데 미스트랄은 쿠바의 호세 마르티와 함께 라틴아메리카 아동문학의 창시자로도 명성을 쌓았습니다.

국제적으로 명성이 높아질수록 칠레 내부에서는 변변치 않은 출신의 여성인 미스트랄이 독학으로 이뤄낸 성취를 못마땅해하는 이들이 늘어 갔습니다. 그녀는 1924년에 칠레로 돌아가 학교를 세우려 했지만 이 계획은 정치적 이유로 좌절되었고 그 이듬해 교직을 그만두었습니다. 미스트랄은 테무코에 이어 1926년에 칠레를 완전히 떠났고 잠시나마 조국 땅을 밟은 건 1938년과 1954년 단 두 번뿐이었습니다. 이십여 년 간의 교직생활을 정리한 미스트랄은 프랑스로 이주하면서 사실상 망명 생활에 들어갔습니다. 1926년 파리에서 거주할 때 그녀는 당장 저널리스트로서 생계를 꾸려야 했는데 그 이유는 칠레 정부의 변덕과 인플레이션 때문에 더 이상 연금으로 생활할 수 없어서였습니다. 1929년 칠레의 우익 정부는 연금 지급을 반년 간 중지하기도 했습니다. 미스트랄은 1932년 이탈리아 나폴리 주재 칠레 영사로 부임했으나 무솔리니의 파시스트당과 협력하기를 거부하여 세 달 만에 사임했습니다.

미스트랄이 생전에 시집을 자주 내지 못한 가장 큰 이유는 유럽에서 체류하는 동안 생계를 위해 매년 오십 여 편의 글을 신문 잡지에 기고해야 했기 때문입니다. 세 번째 시집이자 아마도 가장 중요한 시집인 『벌채』(1938)는 그녀의 친구이자 유명 작가였던 빅토리아 오캄포의 도움으로 부에노스아이레스에서 출간되었는데 그때 미스트랄은 나이 오십을 바라보고 있었습니다.

『벌채』의 판매 수익금 전액은 스페인내전에서 고아가 된 아이들에게 쓰였습니다. 미스트랄은 친자식은 없었지만 전쟁고아들의 열렬한 대변인이자 엄마였으며 모성을 상징하는 국제적인 시인이 되었습니다.

시인으로서 미스트랄이 성공한 요인 중 하나는 불의와 타락에 저항하는 시인 그리고 타인의 고통을 함께 느끼고 위무할 줄 아는 지도자라는 이미지였습니다. 미스트랄은 문단이나 정치 단체에 기웃거리는 일이 없이 혼자 있기를 좋아했을 뿐 아니라 시류에 휩쓸리지도 않았습니다. 이십대에 이미 독자적인 시정(詩情)과 상투적인 센티멘털리즘을 분별할 줄 알았던 그녀의 작품에는 그저 애상에 찬 여성시로 평가받고 싶지 않다는 기백 같은 것이 담겨 있습니다. 그렇기에 미스트랄의 시는 권리를 박탈당하고 억압받는 사람들―어린이, 여성, 아메리카 원주민, 유대인, 전쟁 피해자, 노동자, 가난한 사람―의 간절한 목소리를 대변할 수 있었고 그들의 귀를 뜨이게 할 수 있었습니다.

미스트랄의 시를 대표하는 주제는 죽음, 사랑, 슬픔, 회복, 배신, 자연, 부활입니다. 그녀에게 부활은 기독교 신앙에서 출발하며 세상으로부터의 해방을 의미합니다. 동시대 라틴아메리카의 많은 지식인들이 마르크스주의에 경도되었지만, 미스트랄은 프란시스코 수도회의 평신도 회원이 되어 평등과 정의의 가치를 수호하고자 했다는 점도 특기할 만합니다. 더욱이 그러한 가치를 수호하는 일이 의심과 두려움으로 여겨졌던 격랑의 이십세기에 말입니다. 세계대전이 끝난 직후인 1945년 11월 15일에 스웨덴 한림원은 미스트랄에게 노벨문학상을 수여하였습니다. "우리가 오늘 라틴아메리카 문학의 여왕에게 상을 수여하는 것은 풍요로운 그 문학에 경의를 표하는 것과 같습니다."

3

2019년 10월, 산티아고에서는 피노체트의 군부독재가 종식된 이래 사상 최대 규모의 반정부 시위가 촉발되었습니다. 시위는 칠레 전역으로 격화되었고 그 과정에서 군경은 시위대를 상대로 고문과 강간을 자행하여 국제 사회의 공분을 샀습니다. 그

스웨덴 구스타프 국왕으로부터
노벨상을 수여받는 미스트랄,
1945년 12월 10일.

당시 시위의 열기로 뜨거웠던 산티아고 시내의 벽에는 한 펑크 록 밴드의 가사가 적힌 티셔츠에 빛바랜 블랙진을 입고 한 손에는 책을, 다른 한 손에는 검은 깃발을 든 한 여성이 등장했는데 그녀는 가브리엘라 미스트랄이었습니다.

2019년 산티아고에서 촉발된 사상 최대 규모의 반정부 시위에 등장한 미스트랄 벽화. 뉴욕타임스는 2023년 1월에 네루다를 배척하고 미스트랄을 부활시킨 칠레의 젊은이들에 대한 기사를 다뤘다.

1973년 피노체트가 살바도르 아옌데 정권을 쿠데타로 붕괴시키고 집권했을 때 칠레에서 가장 유명한 시인은 무신론자이자 공산주의자인 네루다였습니다. 이와는 대조적으로 미스트랄은 평생 조국에서 환호받지 못했음은 주지의 사실입니다. 1957년 미국 롱아일랜드 헴스테드에서 생을 마감한 미스트랄이 사후에 조국에서 명성을 얻을 수 있었던 것은 아이러니하게도 피노체트

군사정권 때문이었습니다. 군부는 미스트랄을 지폐에 넣기까지 했고, 그녀를 기품 있는 교사로 홍보했습니다. 미스트랄 아카이브 디렉터인 알레한드라 아라야에 따르면 "그녀의 시가 실은 강력한 사회 비판인데도 군부는 그녀의 작품을 순진하고 귀여운 것으로 간주될 정도로 자기들의 입맛에 맞게 조작하고 이용했습니다." 미스트랄에 관한 다큐멘터리를 제작한 마리아 엘레나 우드는 대부분의 칠레인들이 그녀를 '못생기고 지루한 회색분자 할머니'로 알고 있었다고 말합니다.*

1990년 피노체트의 '피의 독재'가 종식된 후 일부 학자들은 군부에 의해 미스트랄이 거룩한 노처녀로 묘사된 것에 대해 의문을 제기했고, 2007년에는 미스트랄과 서른한 살 연하의 동반자이자 작가였던 도리스 데이나와 주고받은 편지가 공개되면서 레즈비언 논쟁에 불이 붙었습니다. 그리고 2018년 산티아고의 대학 캠퍼스에서는 #미투 운동이 일면서 수천 명의 학생들이 성폭력 근절과 낙태 합법화를 요구했습니다. 미스트랄이 이 운동의 수혜자라면, 네루다는 그 반대일 것입니다.† 피노체트 독재정

---

* 〈A un lado, Pablo Neruda. La juventud chilena tiene una nueva poeta favorita〉 뉴욕타임스 2023년 2월 5일자 기사.
† 2018년 칠레 의회는 산티아고 공항의 이름을 네루다로 바꾸자는 제안을 철회했다. 직접적인 이유는 네루다가 회고록에서 기술한 타밀인 여성에 대한 강간 일화가 칠레 여성들의 거센 항의를 불러일으켰기 때문이다. 그해 산티아고에서 열린 #미투 행진에서는 반(反)네루다 구호가 여기저기서 스프레이 페인트로 칠해졌다.

권이 미스트랄의 이미지를 자기들의 목적에 맞게 차용한 지 수십 년이 지난 지금 칠레의 젊은 세대는 미스트랄을 소수자 인권과 카운트컬처의 아이콘으로 새롭게 부활시켰습니다

『밤은 엄마처럼 노래한다』는 미스트랄이 생전에 발표한 네 권의 스페인어 시집에서 고른 34편의 시로 이루어져 있습니다. 책 제목은 미스트랄의 산문시 「예술」의 한 구절에서 따왔습니다. 안타깝게도 그녀의 시집에는 '정본'이 없습니다. 거듭된 개고와 교정에 따른 인쇄 실수와 오탈자로 얼룩져 결정판이라고 할 만한 텍스트가 없는 것입니다. 말년에는 국외 거주자로서 건강까지 잃은 탓에 수많은 원고가 완성되거나 정리되지 않은 채 남게 되었습니다.

그러나 2011년 어슐러 K. 르 귄은 미스트랄 시선집을 번역 출간했고, 지난 몇 년 간 칠레 정부의 노력으로 시와 산문뿐만 아니라 여성과 원주민의 권리를 대변하는 정치 에세이에 이르기까지 미스트랄의 글은 전방위로 발굴되고 있습니다. 이에 따른 학계의 연구도 활발하여 2023년 하반기에는 엘리자베스 호란 교수의 미스트랄 전기가 출간된다고 하니 매우 고무적입니다. 이러한 세계적 흐름에 『밤은 엄마처럼 노래한다』도 동참하게 되어 역자로서 영광입니다. 한국에서 첫 출간인 만큼 많은 분들이

미스트랄의 시를 가슴에 새겨 주신다면 더 바랄 게 없겠습니다.

2023년 3월

마드리드에서 이루카

가브리엘라 미스트랄 연보

1889	4월 7일 칠레 북부에 위치한 엘키 분지의 비쿠냐에서 루실라 데 마리아 고도이 알카야가로 태어났다. 아버지 헤로니모 고도이 비야누에바는 신학을 공부한 교사이자 방랑 시인이었고, 어머니 페트로닐라 알카야가 로하스는 재봉사로 일했다.
1892	아버지가 가족을 버리고 집을 나갔다. 그후 8년 동안 미스트랄과 남은 가족은 그녀보다 열여섯 살 위인 언니 에멜리나가 교사로 있는 학교의 숙사에서 함께 생활했다.

첫 영성체 미사 기념 사진, 1896년.

비쿠냐 마을 모습, 1943년.

1895 - 1903	몬테그란데와 비쿠냐, 라세레나, 코킴보 등 작은 마을과 해안 도시에서 학교를 다녔다.
1904	라세레나 인근 마을의 학교에서 보조 교사로 일했다.
1905 - 1909	사회주의 사상에 물들었다는 이유로 사범 고등학교 입학을 거부당했다. 독학을 하며 라세레나, 라칸테라 등지의 학교에서 보조 교사로 일했다. 지역 매체들에 산문과 시를 기고했다.
1909	미스트랄이 '깊은 영적인 사랑'을 느꼈다는 첫 사랑 로멜리오 우레타가 스스로 목숨을 끊었다. '가브리엘라 미스트랄'이라는 필명을 쓰기 시작했다.
1910 - 1911	산티아고에서 치른 교원자격시험을 통과하고 북부 연안에 위치한 여러 도시에서 초등학교 교사로 재직했다.
1912	칠레 중부의 로스안데스 고등학교에서 교사 겸 장학사로 일한다. 니카라과 시인 루벤 다리오(1867 - 1916)가 파리에서 발행하던 잡지 《엘레간시아스》를 비롯한 여러 매체에 산문과 시를 기고한다.
1914	「죽음의 소네트」가 '후에고스 플로랄레스' 콩쿠르

에서 최고상을 수상했다.

1918 파타고니아 지방 푼타아레나스의 고등학교 교사 겸 교장으로 일했다.

푼타아레나스 고등학교 학생들과, 1919년.

1920 테무코 고등학교에서 교사 겸 교장으로 일했다. 이곳에서 당시 열여섯 살의 네프탈리 레에스 바소알토(파블로 네루다)를 만났다.

1921 산티아고 여자고등학교 교장이 된다.

1922 멕시코 교육부 장관 호세 바스콘셀로스의 초청으로 그곳에서 교육 개혁과 공공 도서관 설립을 지원했다. 멕시코시티의 한 학교는 그녀의 이름을

따서 붙여졌다. 시집 『황폐』가 미국 뉴욕시의 라스 에스파냐스 협회에 의해 출간되었다.

1923 『황폐』가 산티아고에서 출간되었다. 미스트랄이 편찬한 『여학생을 위한 읽기 교재』가 멕시코에서 출간되었다.

1924 미국과 유럽의 여러 나라를 여행한다. 『사랑의 속삭임』이 마드리드에서 출간되었다.

1925 브라질, 우루과이, 아르헨티나를 거쳐 칠레로 돌아와 교사 직을 그만두었다.

1926 유엔 전신 국제연맹의 국제교육협력기구 고문으로 임명되었다. 9개월 된 소카 후안 미셸을 입양했다.

1927 이탈리아에서 아동 교육과 보호에 대한 협의를 주재했다. 마드리드 대학 여성 회의와 제네바 유아 보호를 위한 회의에 칠레 사절로 참석했다.

1929 어머니가 84세에 사망하고 라세레나에 안장되었다. 칠레의 우익 정부가 미스트랄의 연금 지급을 6개월 동안 중단했다.

1930 미국 컬럼비아 대학교, 바나드 칼리지 등 여러 대학교에서 강의했다.

1932 나폴리 영사로 부임하지만 파시스트 당과 협력하

	기를 거부했다. 무솔리니 정부는 정견과 성별을 이유로 미스트랄을 영사로 인정하지 않았다. 미스트랄은 임명 세 달 만에 사임했다.
1933	방문 교수로 푸에르토리코에 머물렀다. 스페인 마드리드에 칠레 영사로 부임했다.
1935	칠레 의회가 미스트랄을 특별 종신 영사로 지명하고 평생 급여를 받을 수 있도록 조치했다.
1936	파리와 포르투갈에서 문학 행사에 참가하고 과테말라와 리스본에서 영사로 재직했다.
1938	부에노스아이레스에서 시집 『벌채』를 출간했다. 프랑스 니스에서 영사로 재직했다.
1939	중앙 아메리카 국가들에 파견되는 칠레 전권 공사로 지명되었으나 건강상의 이유로 거절했다.
1940 - 1945	브라질에 영사로 부임하며 양아들 후안 미겔을 데려간다. 미스트랄이 직접 편집한 『가브리엘라 미스트랄 선집』이 산티아고에서 출간되었다.
1943	후안 미겔이 18세에 스스로 목숨을 끊었다.
1945	노벨문학상을 수상했다. 로스앤젤레스와 산타바바라에서 영사로 재직했다.
1946	프랑스 파리에서 레지옹도뇌르 훈장의 쉬발리에로 서품되었다. 피렌체 대학교에서 명예박사학위

를 받았다.

1947 캘리포니아 산타바바라에 집을 지었다. 뉴올리언스 시로부터 '뉴올리언스의 딸'이라는 칭호를 받았다. 밀스 칼리지에서 명예박사학위를 받았다.

1948 멕시코 베라크루스 영사로 부임했다.

1953 쿠바를 여행한 뒤 뉴욕 로즐린 하버에 거주지를 정하고 도리스 데이나와 함께 산다. 유엔 칠레 대표가 되어 여성사법사회평의회에서 근무한다.

1954 칠레 대통령의 초청으로 고국을 방문하고 대통령궁에서 연설을 했다. 고향인 엘키 밸리를 마지막으로 방문한다. 칠레 대학교와 컬럼비아 대학교에서 명예박사학위를 받았다. 시집『포도즙 압착기 Lagar』를 출간했다.

1956 췌장암에 걸린 미스트랄은 남아메리카에서 출간된 모든 저작의 인세를 자신이 성장한 몬테그란데의 아동들에게 쓰라는 유언을 남겼다.

1957 1월 10일 미국 뉴욕주의 롱아일랜드에서 췌장암으로 세상을 떠났다. 산티아고에서 성대한 장례식이 치러졌다. 칠레 정부는 사흘 동안 국가애도기간을 선포했다.

1960 산티아고 묘지에서 비쿠냐로 이장되었다. 1만여

명이 참석한 가운데 미스트랄의 희망대로 결국 몬테그란데 마을에 묻혔다.

옮긴이 이루카

서울에서 태어나 브루클린과 마드리드에서 성장했다. 비교문학을 공부했으며 여성과 소수자 문학에 많은 관심을 두고 있다.『밤은 엄마처럼 노래한다』는 옮긴이의 첫 번역서다.

가브리엘라 미스트랄 시집
밤은 엄마처럼 노래한다

초판 발행 2023년 3월 27일

번역저작권 © 이루카, 2023
지은이 가브리엘라 미스트랄
옮긴이 이루카
펴낸곳 아티초크 (Artichoke Publishing House)
출판등록 제25100-2013-000008호
주소 경기도 성남시 분당구 탄천상로 164, A-303 (13631)
전화 031-718-1357 **팩스**・031-711-1351
홈페이지 artichokehouse.com

이 책 내용의 전부 또는 일부를 재사용하려면
반드시 저작권자와 아티초크 출판사의 동의를 받아야 합니다.

ISBN 979-11-86643-10-5   03870